つぶやきシロー

3月生まれあるある

さくら舎

1

３月生まれは
ツライよ！

誕生日はいつも花粉症。

せっかくの誕生日も花粉症でそれどころではない。
鼻水が垂れて口に入ってしょっぱい。
そして誕生日ケーキを食べて甘い。
予想外の「しょっぱ甘、しょっぱ甘」の、
無限ループここに完成。

たまたま取ったティッシュが
いいティッシュだった

ネーミングの勝利
正確には「ティシュー」って伸ばすんだよね

免許取るの遅れる。

得意気に先に免許取って自慢してくる奴がいる。
友達と一緒に通えない。
自動車学校の授業の合間とか話し相手もいないし、
お昼御飯が一人ぼっちで寂しい。
18歳になる2ヶ月前から入校できるが、
仮免は18歳をむかえてないと受けられない。
無線教習は、隣に教官が乗ってなく一人だからテンション上がるね。
実際の道であんなS字のカーブはないね。

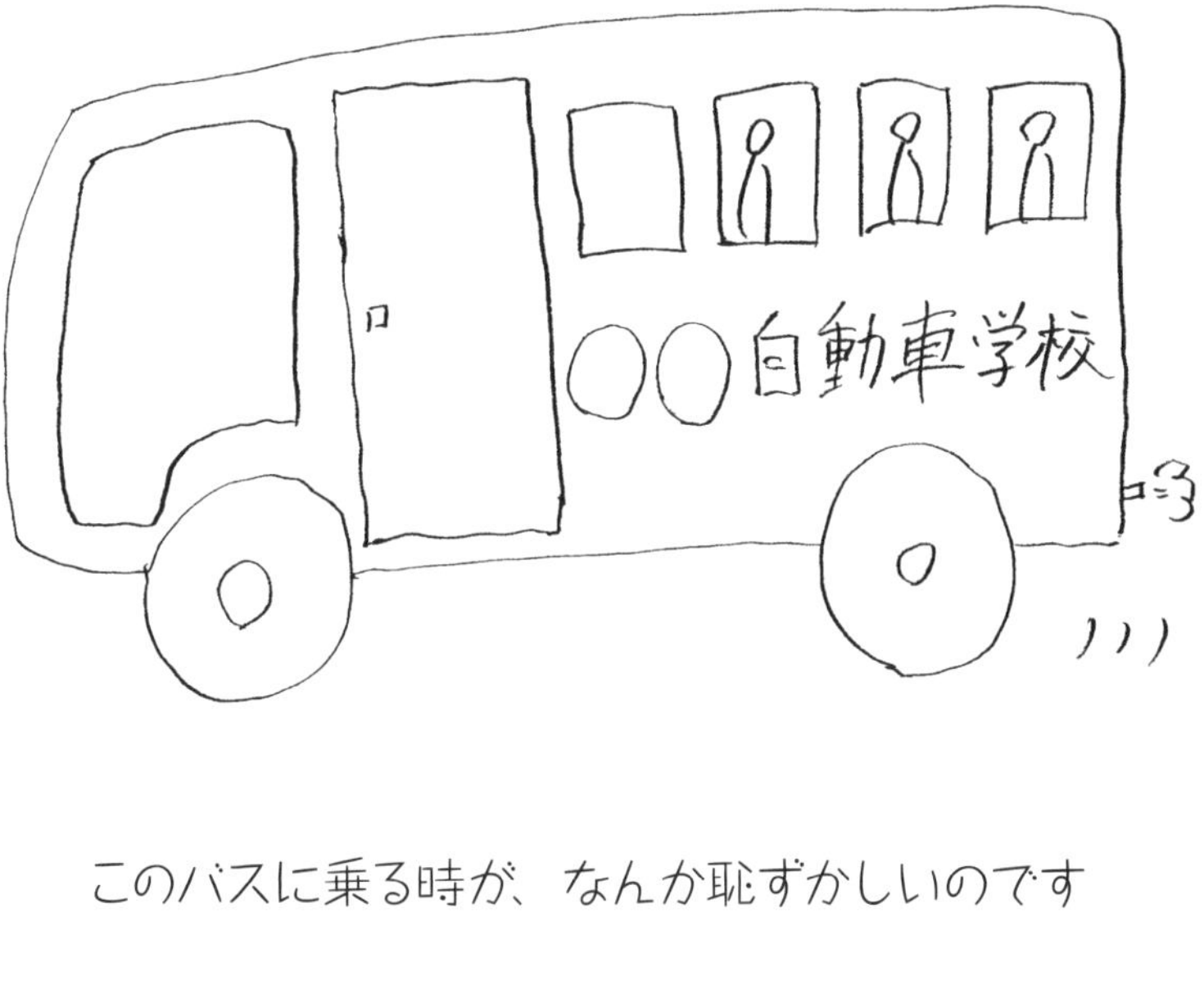

このバスに乗る時が、なんか恥ずかしいのです

成人式はまだ19歳。

気持ちが入らない。
成人式は早生まれのことを考えてない。
4月～12月生まれの人用。2分の1成人式も、10歳おめでとうってまだ9歳だし。
節目節目で祝われない。っていうか、2分の1成人式っている？
因みに、2000年以降、第2月曜日が成人の日となり、学年で区切られたため、
3月生まれも同級生と成人式に参加できるようになったが、それ以前は1月15日に
二十歳をむかえていない早生まれの人は、翌年1学年下の人たちと成人式を挙げた。
仲間外れ感すごいな。
この二ヶ月半（1月16日から4月1日）に生まれた人は、久しぶりに会う友達より、
知らない人の方が多いし、つまらないから欠席者も多かったと思う。
僕もその一人。成人式を挙げてないから、
まだ大人になりきれてないと自分に言い訳をしたことがある。

冠婚葬祭の「冠」って、成人式のことって知ってた？
って得意気にひけらかしてくる人に対して、
「知ってるよ」と言ったら
ガッカリするだろうなと思ったから
「知らない」と言ってあげる
大人のやさしさ

えー そうなんだ！
っていうか、僕が教えたうんちくだけどね

女子アナカレンダーの3月は、エースは載らない。

かわいいけどね。
まだ局の顔にまでいってないだけで、次世代のエース。
世の中、「次世代のエース」って人、多いね。
グラビアも3月は、あまり攻めない。
布多め。ホットパンツ止まり。

高1でもまだ15歳だから
バイトができないジレンマ。

って言ってるけど、大人になるとなぜか働きたくなくなるんだよね。
法律上、15歳の誕生日から最初の3月31日がくるまでは働けない。
つまり、高校入学前の4月の春休みからバイトできる。
でも、世間が高校生＝16歳と思っているのか、
「高校生可、16歳以上」と書いてあるところが多い。

求人広告
やりがいのある仕事です！
16〜35歳
時給950〜
土日休
気持ち悪い体！
E.T.みたい

やりがいがあるかどうかは、
こっちで決めたいと思います

成人式の2次会でお酒が飲めない。

2次会で堂々とお酒を飲んでる人がうらやましい。

3月生まれに見せつけるようにお酒を飲んでる人を、

「だから何だよ」って冷めた目で見ていた。

でも、ちょっと飲んじゃおうか迷う。

「大丈夫だよ、飲めよ」

「僕3月生まれでまだ19歳だし」

「いいから飲めよ」

「じゃあ、ちょっとね」

「警察の人！」

「え！え！」

「うそ～ん」

というコントが全国各会場で見られる。

みんなハイボールを、
本当においしいと思って飲んでる？

流行とか安いとかダイエット目的で
我慢して飲んでない？
もうそういうのやめようよ、
飲みたいの飲もうよ

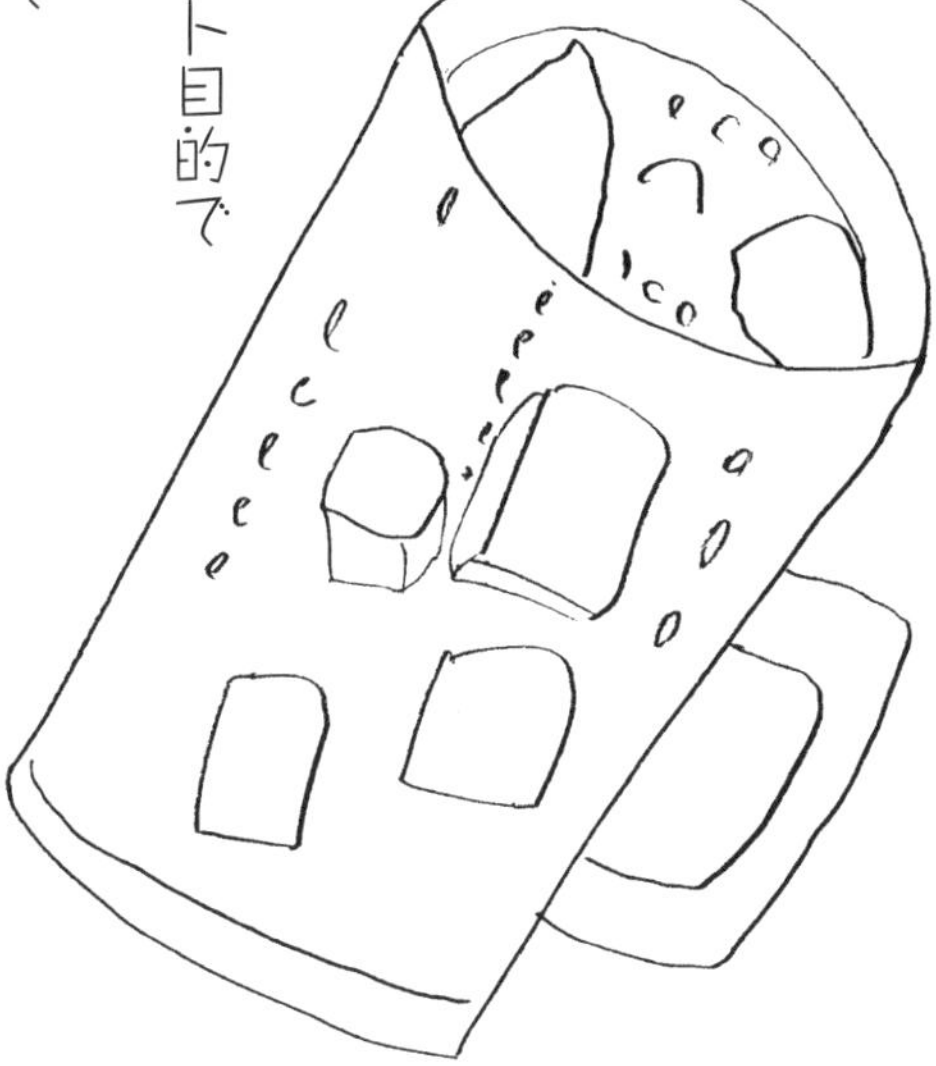

高3でも18歳じゃないから献血できない女子がいる。

ゆえにジョア飲めない。
タダでジョアを飲めるのが楽しみなのに。
（200ml献血は男女とも16歳からできます）
400ml献血は、
男性は17歳から、
女性は18歳からじゃないとできない。

献血
おい、ウソだろ!
正気か、あいつ!
あの車の中に入るの
ちょっとワクワク
ストロー使わねーのかよ
ジョア
献血
なんかいいことした後って気持ちいいな
ジョア
これが楽しみ
ジョア
プレーン
ダイナミック
すげー
オレにはできねー
あこがれるなー
大金持ちか?
男らしい
何かいいことあったのか?
待ち受けにしよう

節分で年の数だけ豆がもらえるけど、3月生まれだから、同級生よりいつも1個少ない。

でもあの豆うまくないから別にいい。
本当の鬼と対峙した時、豆なんて何の武器にもならないから別にいい。
「本当の鬼は自分の心の中にいる」と毎年かならず言うおじいちゃん。

鬼役の本音

豆をぶつけられる痛さなんか
どうでもいい

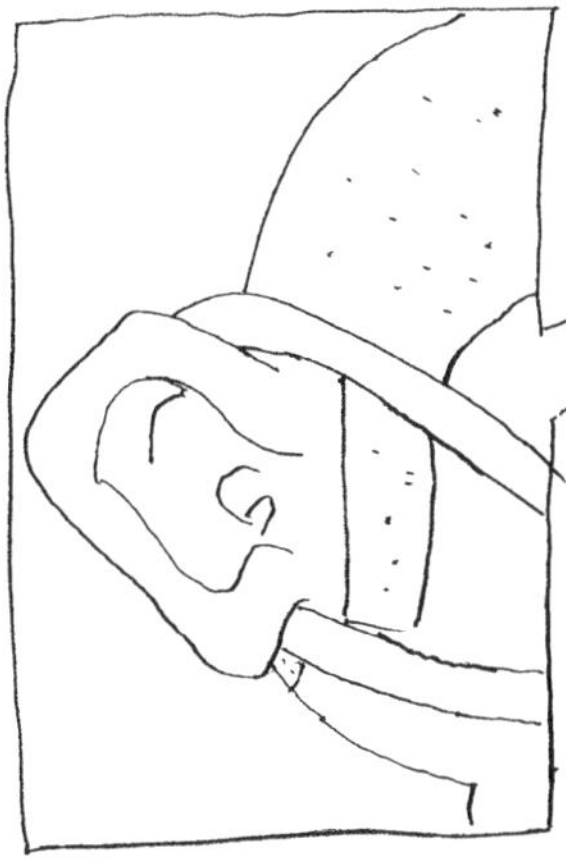

お面の輪ゴムで耳がちぎれそう

18歳から選挙行けるけど、高校卒業した後。
在学中に投票に行けない。

最近の3月生まれあるあるだね。
あんまり詳しくないから、これ以上書かない。

4月〜12月生まれの人に「損してるって言ったって、成人式と免許の時だけだろ」って冷静に言われる。

痛いところつかれた。
確かに3月生まれってだけで被害者ぶりすぎだと反省する。
でも、3月生まれあるあるの二枚看板だからゆるしてよー。

出席番号が五十音順じゃなく誕生日順だから最後の方。

「相川」なのに3月31日生まれだから一番最後。高校で五十音順になり急にトップというふり幅に酔う。

保健室
予防接種やだなー
出席番号順に並んでやるから
3月生まれは最後の方
ずーとドキドキ
ドク
痛い!
ドク
ドク
一瞬で終わったけど
いつまでもシールをはがさない
あんだけ怖がっていたのに
あ、
お風呂入っちゃった!
本気でおちこむ
死ぬかも

職場とかで、
毎月順々に誕生日の人を
まとめてお祝いしようよって始まるけど、
10月くらいでだんだん誰も言いださなくなり、
3月まで回ってこない。

フェイドアウト。なかったことになってる。
今までのプレゼント代を回収できないし、
言いたいけど言ったらケチくさいし、
だーれも、なーにも言わないけど、何なんだよ！
全員の傘の持つところのビニールをはがしてやる！

できないことがあると、早生まれのせいにしたことがある。

小４まで差があるらしい。
勉強できないのも早生まれのせい。
スポーツができないのも早生まれのせい。
お弁当箱開けたら、いっつも中身が寄ってるのも早生まれのせい。

子供の頃、３月生まれだと
近所のおばちゃんとかに親が
「大変だね～」とか「かわいそうに」と言われて、
自分ってかわいそうなんだと知る。

「なんであの子はできるのにお前はできないの？」

って怒られる。

親が他の子と比べてガッカリした顔をする。

よそはよそ、うちはうちって言ってたのに
こんなすごいことできるのに！

雑誌の星座占いのコーナーでは、
だいたい3月の魚座が一番最後に書いてあるが、
3月21日以降は牡羊座として
一番最初に載ってる裏切られ感。

魚座は3月20日までで、
21日以降は牡羊座として星座表だと最初に表記される場合が多い。
ラッキーな逆転現象。

3月生まれは魚座という思い込みが強く、
2月後半生まれの魚座の人と、
3月後半生まれの牡羊座の人に妙な違和感を抱く。

昔の朝のテレビの星座占いは順位ではなく、
牡羊座から始まって魚座は最後だからって
チャンネル変えてる間に終わってる。

各局の朝の占いコーナーが始まる時間を把握している人いるよね。

占い
誰にも見向きもされない
占い
雨なのに
お買い物行ってくる！
100円
ハイ、おだちん
肩もみもみ
100円
ハイ、おだちん
一ヶ月後
占い
手相見てください
よくもこんなところで手相見てもらおうとするね キミ、イカれてるよ

たまに3月生まれなのに、
体格もよくてスポーツ万能で
勉強もできる子がいると、
心の中で舌打ちをする。

せめて巻き爪であってくれ。
こっちはこんなにひがんでいるのに。
憎き4月生まれより憎いかも。
こんなことを考えている俺はなんてダメな人間なんだ、
助けてくれ！

春休みだから誕生日に気づいてもらえず、人知れず年を取る悲しさ。

メールのみ。3月までのフリが長い分ガッカリ。
まさかの自分で誕生会を開くという自分大好きっ子ちゃんに。
そんなことできるわけもなく結局、誕生日は一人で過ごすことになる。
部屋に一人。一点を見つめる。木目が人の顔に見えてくる。
みんな同じだよ、みんな同じだけど、
3月は誕生日まで遠い気がする。みんな同じだけどね。

春休みもそうだけど、高3の卒業式後ね、
皆に会わなくなるから祝ってもらえなくて寂しいなんて言う人いるけど

逆に卒業後、本当の友達が誰か分かるからいいと思う

友達キープはいらないよ

4月でまだ仲良くなってないのに誕生日祝われるより、仲良くなった3月で祝ってもらった方がいいじゃんって強がってみる。

さっき誕生日は一人って言ってたのに、立ち直り早いな。

確かに4月生まれは新学期でまだ仲良くなってないから誕生会やってもらえないケースがある。

たとえ誕生会が開かれたとしても超うわべ。

でも社会に出たらそれが必要。

♫ハッピーバースデーディア〜

呼び方決まってない
様子見ちゃうね
もはやディアじゃないね

3月の誕生石はアクアマリン。なにそれ～、ラテン語で「海水」だって、なにそれ～。

誕生石の中でも安い方。指輪いらない。
憎き4月のダイヤモンドがぶっちぎりの高値1位で、そのフリになってるのも悔しい。

1月～12月の誕生石

1月	ガーネット
2月	アメシスト
3月	アクアマリン
4月	ダイヤモンド
5月	エメラルド
6月	パール
7月	ルビー
8月	ペリドット
9月	サファイヤ
10月	オパール
11月	トパーズ
12月	ターコイズ

自分の子供が3月生まれは避けたいと思っている。

こんなめんどくさい人間になってほしくない。
できれば憎き、いやあこがれの4月生まれがベスト。
そうなるように計算したはずがちょっと早まって3月生まれになったら
悔やんでも悔やみきれないから、
やっぱ子供いらない。

「お前、3月生まれで
俺らと約1年違うのに勉強できてすごいな」
って言われるのを夢見ているが、
誰も言いやしない。

3月生まれ手当があったらな〜と
思ったことがある。

物事を始める時、
4月から始めようと思うけど、
3月から始めようとは思わない、
つまり3月は惰性で暮らす。

2

3月生まれで
よかった！

年を取ると、3月生まれであることがお得な気分になる。

同じ学年なのに、自分だけ若いと思っている。
そこ急にポジティブになる。
特に女性は年を重ねると、同級生の女性に対して自分の方がまだ若いとマウントを取るのでウザがられる。
4月～12月生まれの同級生を「年は1個上なんですよ」と、紹介する。
大人になって、3月生まれの男性が、
女性から「年取るの遅くていいいな」とうらやましがられても、
褒め言葉のつもりで言ったのだろうが、
男性はそこあんまり気にしてないし、別にって感じだろうね。

二人はいつも
仲いいね
へ〜じゃ
やよいちゃんも一緒だ
そういえば
いつも一緒だね
年一緒だもんね
ハイ、私は30になった
ばっかりです
あ、そうだったんだ
でも二人若いよね？
若いって言っても
私30歳ですよ
なったばっかりねぇー

3月はいちごが一番おいしい時期なので、誕生日ケーキがおいしい。

ま、みんなで食べるんだけどね。
いちごのショートケーキを食べてる時って、
いつどのタイミングでこのいちごを食べてやろうってことしか
考えてないよね。

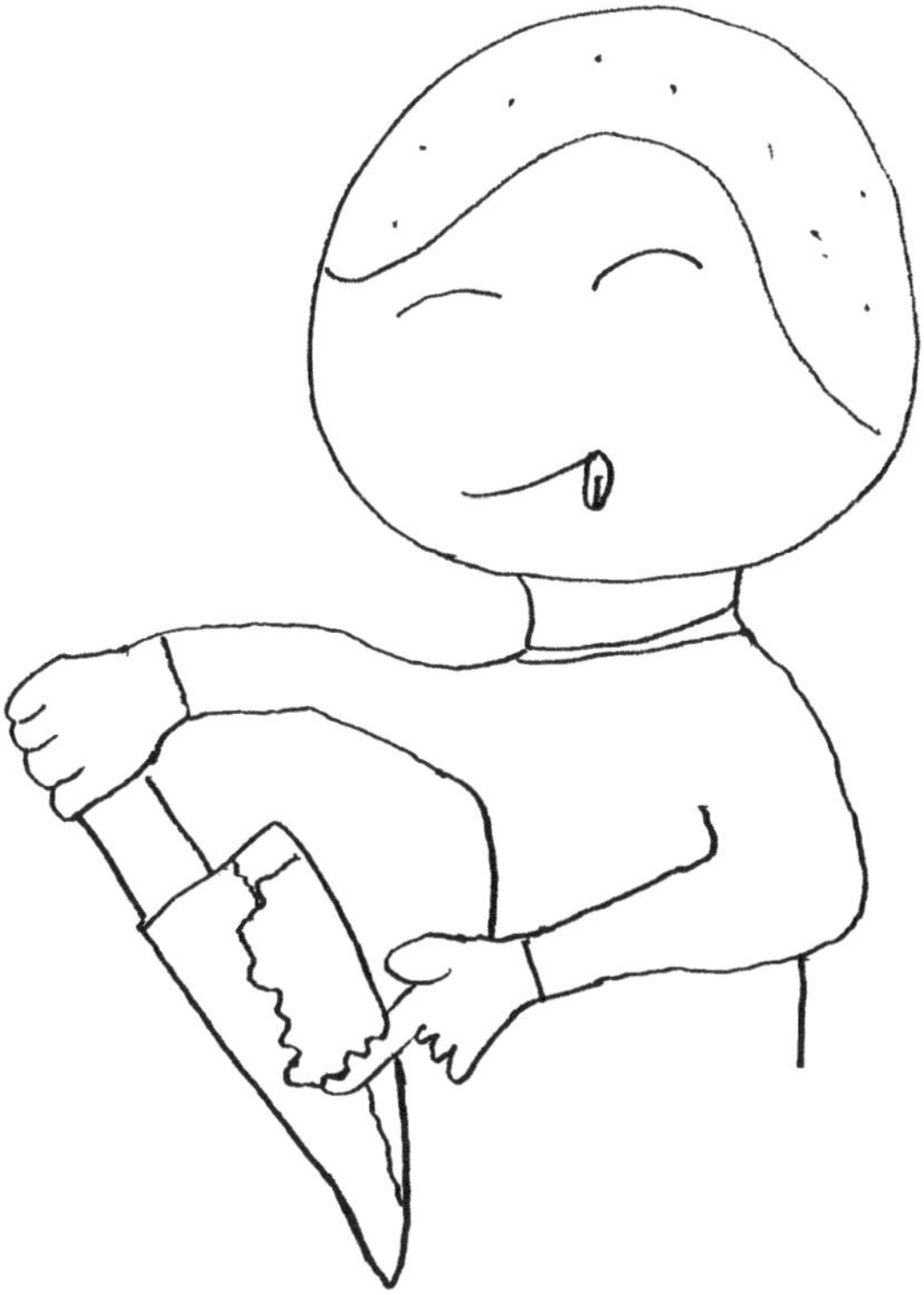

ケーキを切った後、指切っちゃう緊張感と
戦いながらなめる生クリームが一番うまい

オリンピック代表にもし選ばれたら、
最年少記録だという妄想をしたことがある。

最年少記録を作る確率の一番高いのは、早生まれだし、3月生まれでしょ。
「今まで生きてきた中で一番しあわせです」みたいな名言を考えたりする。
競歩だったら「今一番したいことは？」と聞かれ、
「走りたいです」
「皆さんの心にも刺さりましたか」（やり投げ）
「メダル取って心も弾んでます」（トランポリン）
「メダル取っても、素人と2、3秒しか違わないですけどね」（100m走）

テレビを見ていて
ワー
ワー
キャ
スポーツ選手が
勝つ自信はあります
トップとるんだって気持ちでやってます
ここで終わっとけばいいのに
逆にそう思えなかったら
プロとしてやっていけないと思う
ビッグマウスじゃないよ
みんな言わないけど
そう思ってるし
みたいな、保険かけてる
感じが好きじゃない

新聞雑誌で3月生まれの「タレント名（29）」は、生年月日を表記しない場合、せめて（29早）か（30学年）と表記してほしい。

そうすると正確にいくつ違いか分かるから。

特に年が近かったりすると、数字だけだと同じかな、いや学年1つ上かなとか分からない、非常に不親切だと思う。

それだけでそのタレントとの距離感が変わってくる。

「年齢書く必要ありますか？　日本くらいですよ」

って風潮に逆らって、より正確に。

でも、そんな日は来ないいんだろうな。

浪人しててもバレにくい。

4月生まれとほぼ一緒だから、
浪人してないようなものとポジティブになったりする。
「年が一緒」なのは本当だから強気でいけるけど、
誕生日聞かれたらアウト。
急に敬語使われたりする。
逆に自分が現役で大学に入学して、
同級生に4月生まれがいると、
「キミは実質一浪だからね」と心の中で思う。
あるいは、同じ現役なら、4月生まれに対して
3月生まれは「飛び級だ」と心の中で思う。

相手が3月生まれだと言うと、「何日！」と速く強く聞いてしまう。

即親近感。
お互いに何日か言い合って、お互い「ふ～ん」で終わる。
これは何月生まれ同士でも一緒かな。

クラスの中に同じ3月生まれの異性がいると、妙に意識しちゃう。

恋の始まりだね。
授業中ずっと見ちゃうね、向こうがこっち見ると目を逸らすね。
風邪で5人くらい休みで、
朝礼で並んだら、いつもより前にずれて、
たまたま好きな子の隣になると緊張するね。

キーンコーンカーンコーン
たいくつな授業も
好きな子ができると
片思いでも
学校生活にハリが出ます
黒板より
○月×日
その子を見てます
みんなが笑うと
その子が笑っているか
つい見ちゃいます

これが恋というものなんですね
ルンルン
もーくぎづけです
そんなに見ていたら目が合うんじゃないかって？
それはないです
なぜなら
その子は違う男子を見ているからです
因みに、その男子は勉強もスポーツもできる
憎き4月生まれです

同じ年だと、何月生まれか必ず聞く。

絶対聞く。
もうそういう体になっちゃった。
誰から教わったわけでもない。
自然と身に付いた。
ちゃんと聞くと、だいたい学年下が多い。
「同じ年だね」で確認終了じゃないのよ。
4月～12月生まれの人は、まー聞いてこないね。
「同じ年＝同じ学年」前提で生きてらっしゃる。
なんならそんな概念もないかもしれない。
それが悔しい。
レジで端数《はすう》の90円を財布にたまった10円玉で払おうとしたら、
8枚しかなかったくらい悔しい。

今年30？
同じ年じゃん
あれから9ヶ月たって
今12月だよ、12月
でたでた
まー1つ下の学年の
可能性大
そう勝手に決めつける
のはまだ早いよ
僕が先輩ってわかっても、
タメ口きいちゃったから
引くに引けなくて
変なかんじになる人いるよ
僕は3月で
30になったんだよ
じゃあ現実わからせて
やりますか

ねー何月生まれ?
3月だけど
あってた
稀~
8月とか言われて「じゃあ学年は僕の1つ下だね」って、いつものパターンだと思ってた
疑ってすみません
勝手に決めつけてたのは僕の方だ
恥ずかしい
僕の言動は見透かされてるんだろうな
そんな僕に対してなんの非難もしてこない
みかんの葉っぱついてる方あげる
しかもやさしい

3月生まれの自分と同じ誕生日の有名人を聞かれると、この人は言ってもいいけど、この人は言わないってのが自分の中にある。

同じ誕生日の有名人誰あるあるだよね。
あまりにも弱いと、もうちょっと頑張ってくれよって勝手なわがままを言う。
自分が誕生日の朝、テレビの「今日誕生日の有名人」で、
どうせあの人らでしょと思っててレアキャラが出ると、
「へ〜」ってなるよね。レアすぎて忘れちゃうけど。

3月生まれの有名人

3月1日	芥川龍之介	ジャスティン・ビーバー	中山美穂
3月2日	島崎和歌子	ジョン・ボン・ジョヴィ	優木まおみ
3月3日	坂口杏里	ジーコ	竹中平蔵
3月4日	浅野温子	片岡愛之助	野島伸司
3月5日	今田美桜	北条司	松山ケンイチ
3月6日	あいみょん	岩田剛典	宮本輝
3月7日	チャン・ドンゴン	永山絢斗	長谷川博己
3月8日	桜井和寿	松井珠理奈	水木しげる
3月9日	ガガーリン	木梨憲武	千葉雄大
3月10日	博多大吉	松田聖子	米津玄師
3月11日	大沢たかお	篠田麻里子	白鵬
3月12日	勝俣州和	登坂広臣	ユースケ・サンタマリア
3月13日	今田耕司	佐野元春	吉永小百合
3月14日	五木ひろし	黒木華	ほしのあき
3月15日	北乃きい	武豊	肥後克広
3月16日	木村多江	渋沢栄一	高橋大輔
3月17日	甲本ヒロト	藤森慎吾	マギー司郎
3月18日	豊川悦司	西野カナ	横山やすし
3月19日	いとうせいこう	稲森いずみ	宮脇咲良
3月20日	阿部慎之助	竹内まりや	竹中直人
3月21日	アイルトン・セナ	江國香織	佐藤健
3月22日	有働由美子	草間彌生	馬場裕之
3月23日	北大路魯山人	黒澤明	紗倉まな
3月24日	綾瀬はるか	羽鳥慎一	持田香織
3月25日	大悟	はいだしょうこ	和田聰宏
3月26日	安野モヨコ	京極夏彦	柳楽優弥
3月27日	青木さやか	内田篤人	マライア・キャリー
3月28日	神田うの	的場浩司	レディー・ガガ
3月29日	篠原ともえ	西島秀俊	野沢直子
3月30日	ゴッホ	坂本冬美	千原ジュニア
3月31日	筒井道隆	デカルト	宮迫博之

3月生まれでも上に兄や姉がいると、同級生についていける。

兄や姉とその友達とも一緒に遊んでばっかりいると、
なんなら同級生が年下に感じることもある。
小1で同じ3月生まれでも、体格の差こそあるが、
4月生まれと同じか、
それ以上のポテンシャルが備わっている。

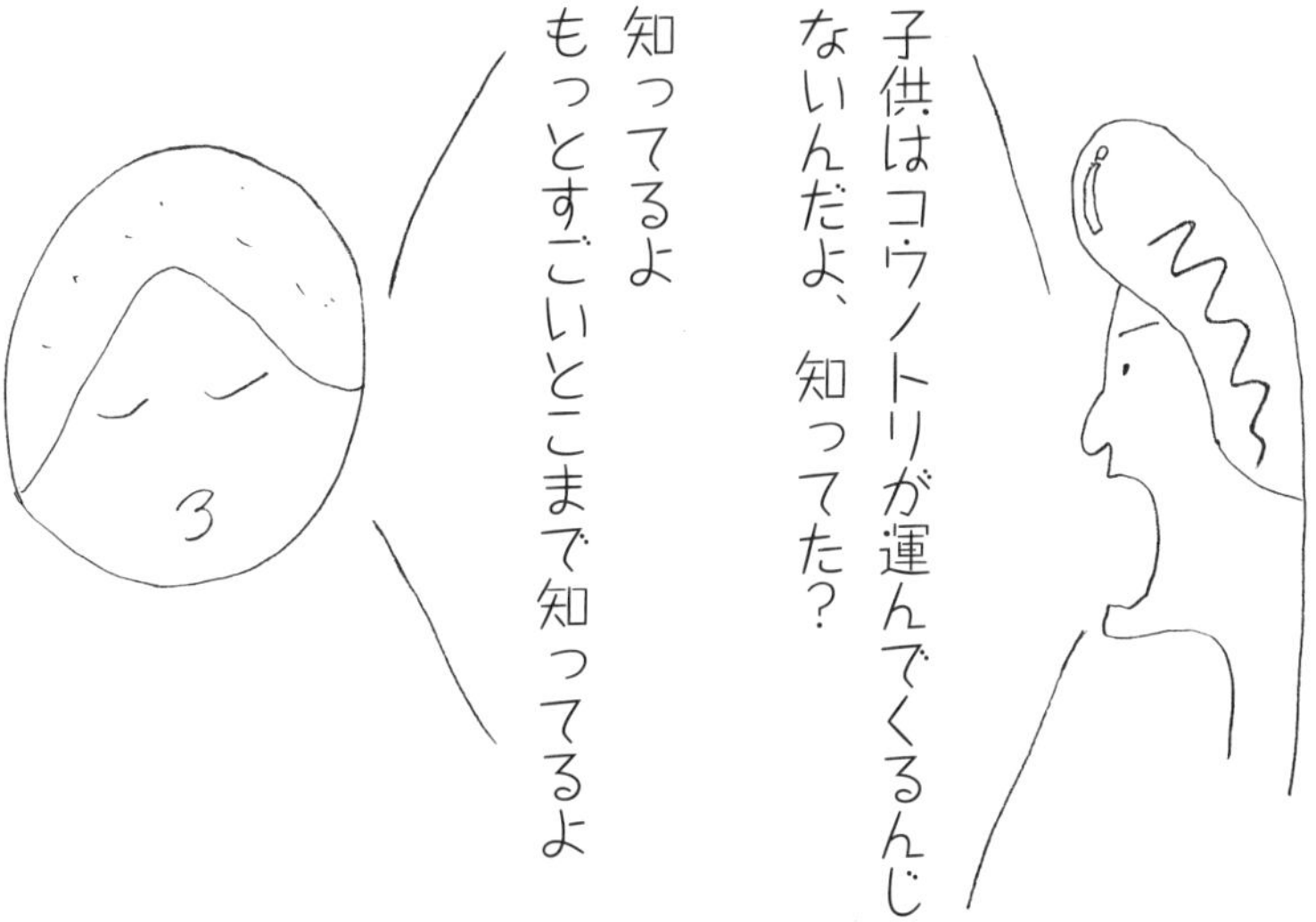
子供はコウノトリが運んでくるんじゃ
ないんだよ、知ってた？
知ってるよ
もっとすごいとこまで知ってるよ

スイートピーは3月の花、
松田聖子の赤いスイートピーって歌あるけど、
スイートピーに赤はなく、
歌が流行ったから品種改良で作られた花
という話までがワンセット。

知ってるよと言わず、最後まで聞いてくれた人のやさしさ。

花がきれいとか
いい香りだとか
そんなことより

茎から汁が垂れそうなのが気になってます

意外とねばるね

雨は夜更け過ぎに〜
雪へと変わるだろう〜
オー
サイレン　ナーイト
ホーリン　ナーイト
「ト」までしっかり言うタイプの人だ

3

おそるべし
学年警察！

4月に「29歳です」って言ったら、
「でも学年で言うと30の学年でしょ、
じゃあ30歳じゃん」って言って、
まだ29歳になったばっかりなのに
見逃してくれない女性学年警察がいる。

特に女性をターゲットに厳しい取り締まりをしていると聞く。

29歳だけど、4月からずっと「30歳の学年」って言ってきたから、いざ3月、誕生日が来ると、31歳?って思っちゃう。

なんかわかんなくなっちゃうんだよね。
周りがどんどん誕生日をむかえるので、
自分もその年になってると勘違いしちゃう。
そして誕生日がきても新鮮味がない。
これを「の学年現象」と名付けます。

29歳になったばっかなのに、
4月生まれの同級生が、
すぐ30歳になっちゃうという違和感。
常に1つ上のお兄ちゃんお姉ちゃん感覚。

4月生まれの同級生29歳が、
「来月でもう30だよ」って言ってるけど、
私は3月生まれで、まだ29歳の誕生日もきてない時、
ギリ28だから何か同級生なのに、
2歳違う感覚に陥る。

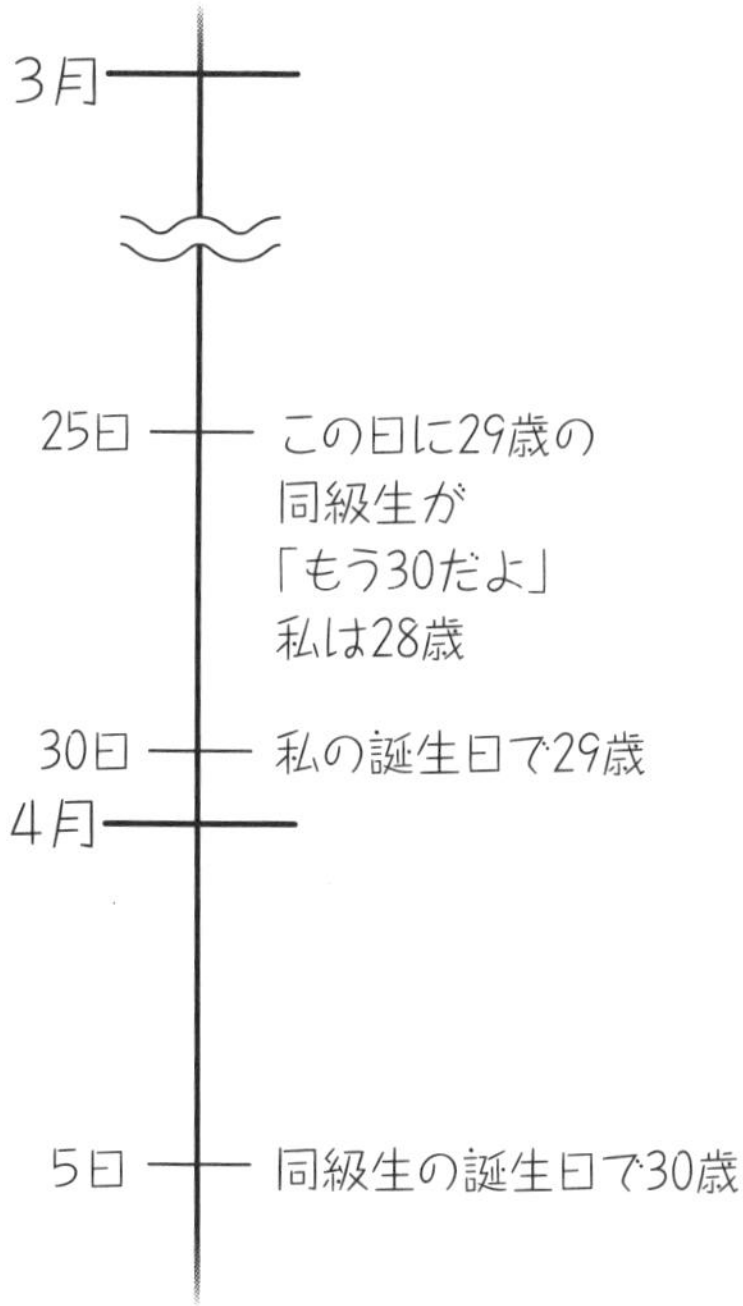

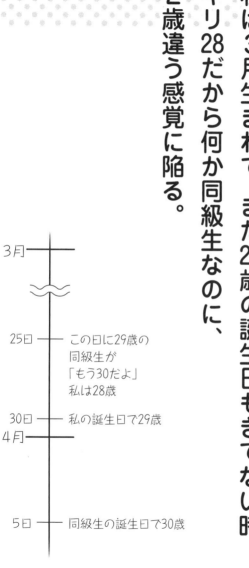

ズルいことに、若くいたいから、
だんだん「学年」でなく
「生まれ年」で言うようになる。

年下を装う。
常習犯の疑い。
女性に多く見られる現象。
自分から3月の早生まれであることを言わなくなる。
浪人生と一緒。
1つ下の学年だけど同じ年だし、同級生ということでよろしく戦法。
見破るのはやはり同じ早生まれの学年警察である。
「私、あの人の1個下」
「ん？　3月でしょ？　学年一緒じゃない？」ってすぐバレる。
こんなことならウソつかなければよかったと反省するが、再犯率が高い。

学歴は？

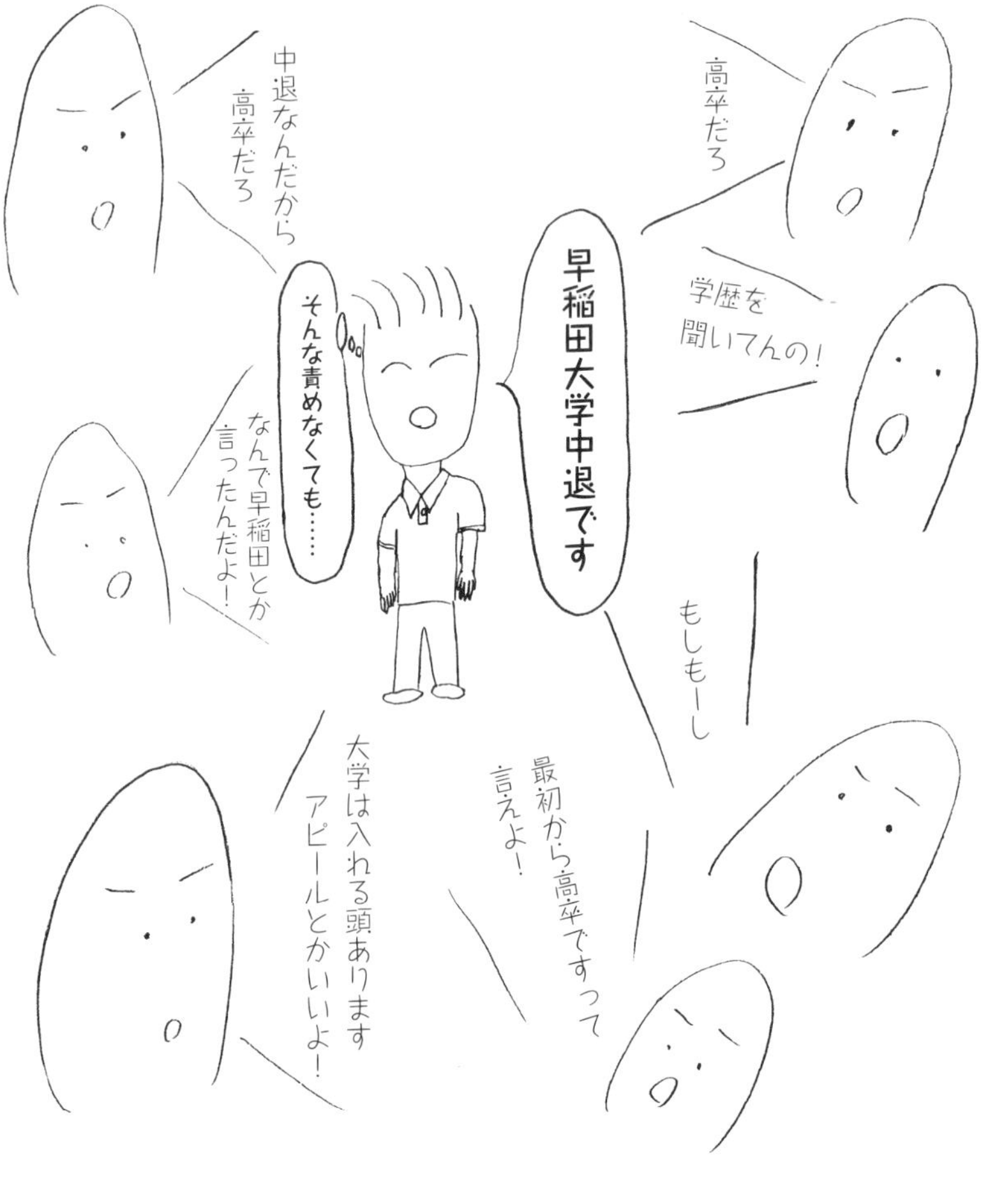

早稲田大学中退です
高卒だろ
学歴を聞いてんの！
中退なんだから高卒だろ
もしもーし
最初から高卒ですって言えよ！
大学は入れる頭あります アピールとかいいよ！
なんで早稲田とか言ったんだよ！
そんな責めなくても……

年を聞かれると、「〇年の3月」って積極的に「3月」をそえる。

備えあれば憂いなし。
危機回避能力がすごい。
4月〜12月生まれの人はたいてい、
「なんで聞いてもないのに月まで」って怯む。
少しでも会話をスムーズにするための措置のはずが
逆に引っかかりを生むという悲劇。

自分が71年生まれで、
相手が69年生まれって言うから、
自分は3月で70年生まれと同じ学年だから、
1個上かなと思ったら、
よくよく聞くと、
相手は69年の3月生まれで、　2個上だったりする。

お互い3月生まれの71年と69年のそのまま2歳差、
勘ぐらずそのままでよかったのだ。
長いこと学年警察をやっていると、
「はいはい、どうせ早生まれのことなんか頭にないんでしょ」って、
よけいな先回りをして、たまに凡ミスをする。
この戦いが一生続くというストレス。
もー、ポッキー3本いっぺんに食べてやろ。

「じゃあ1個下か」って言われた時、
「いや俺3月生まれだからキミと学年一緒」って
お前に敬語使わねーぞ感が出ないように
穏《おだ》やかに言う。
必死さを出さないように見せるのは、お手のもの。

「じゃあタメか」って言われた時、
「いや3月生まれだから俺の方が学年1個上」って
お前は俺に敬語使えよ感が出ないように
穏やかに言う。
別にいいんだけど感をにおわすのは、お手のもの。

「2歳違いじゃ中学の時会ってたかも」
「いや2歳上だけど学年は3つ上だから
中学はかぶってない」
って、この手の会話は
何回かしたことがあるから早口でしゃべれる。

学年警察のスピードと正確さをなめてはいけない。
中学かぶったかどうかは意外と大きい。
生半可な計算でしゃべってこないでほしい。
だからといって、
「じゃあ、俺が小6のときお前は小3か～」
という巷にあふれるしょうもない例えはいらない。
上手くも何ともない。
みんな心の中で、「だからそうだよ！」って言ってる。

厄年《やくどし》で一瞬、

「ん？今41だけど42の学年だから今年本厄《ほんやく》？ん？来年？」

ってなる。

前厄《まえやく》、本厄、後厄《あとやく》の3年でいいのに、
前後賞合わせて最大5年間、厄年のイメージ。
誰かが「数え年で～」って、数え年とか出てきたら、ハイおしまい。
終わり終わり。車回して。
もうやんなっちゃって考えるのをやめる。
で、厄除けせず、痛い目にあう。
なんなんだ、この「数え年」って。
「満年齢」とか、曖昧なまま過ごしてきました。
こういうのって一回覚えたけど忘れちゃうんだよね。
前厄、本厄は気をつけるけど、後厄は流すね。

年齢を学年で言うね。

3月生まれの人全員。
相手は絶対、「学年って！　なんで学年でいうの？」って言ってくる。
親にも言われる。
「お前は何歳になったんだい？」って聞かれて、
「30の学年」って言うと「学年って」って言うけど、
あなたたちがそういう風に産んだの！
だからこうやって苦労してんの！
でもこの苦労もいい経験です。
産んでくれてありがとう。
今度もあなたたちの子供で生まれたいです。
ただ4月生まれで、これマスト。

学年で言わなくてすむのは最大1ヶ月間だけ。

申し遅れましたが、
自分（つぶやきシロー）の場合は、
3月10日生まれだから、
4月1日まで、つかの間の3週間だけ気を使わず年齢を言える。
至福の3週間。
そういう時に限って全然聞かれない。
せっかくの3週間を無駄にした感じ。
娘盛りなのに、全然誘われなかったみたいな。
4月2日からはまた「学年」で言う生活。
地獄に戻る。

年齢を言った後、「学年でいうと〜」と言わない3月生まれをカッコいいと思う。

とうとうその域まできたかーと思い、真意を聞くと、「めんどくさいから」って、
3月生まれがそこめんどくさがっちゃダメでしょ！
宿命なんだから。
ほとんど男が言う。
女同士は気にしないでタメロ、男社会はそこ厳しいからね。

同級生に3月生まれだと言うと、「早生まれだったんだ〜」って、お前本当は1個下か！　って顔される。

「あとちょっと遅かったら、学年違ったな」

俺とタメ口きけてラッキーだなみたいな。

そうか下か〜どうしてやろうかな〜みたいな悪い顔になる。

隠していたわけじゃないんだけど、
何かそんなニオイしたのかな、そうなったけど。

細かいなって思われたくないから、
相手が学年1個下だけど同じ年ってことで
タメ口をゆるしてみるけど、
やっぱイラつく。

一瞬のタメ口もゆるさない人

4月生まれは高校3年になってすぐ18歳になり、
そっから1年間高校生活できるけど、
3月生まれは高校3年の最後に18歳になって、
すぐ社会に出たりする。

早めに社会に出される。
1年損した気分。
お風呂に入った後、うんこしたくらい損した気分。

大学出てるの？
まー、でも大学がすべてじゃないし
なんか頭良さそうだもんね どこの大学？
自慢しているみたいで言いたくないけど、一応東大
すげー
東大の人って「一応」ってつけるよね
だって自慢したいわけじゃないからさー
一応現役
え、浪人せずに！
しかも3月生まれで
ここ重要！
最後いらないな

学年か年かで悩んできたのに社会人になると「同期」ってのが入ってきて、めんどくさい。

10歳も年下から、
「この会社入ったのは同期じゃん」ってタメ口きかれる。
学年とかそんな小っちゃいことじゃない。
「同期」という学年も年も関係ない、
すんごいとこから攻めてくる。
3月生まれとは関係ないけど、ここに記す。

コンビニエンス
いやいや タメ口でいいよ
呼び捨てでいいんだよ
いやいや 田中さんに失礼ですよ
田中って、言ってごらん 早くー
「さん」づけしなくていいよ バイト同期なんだから
ほら
田中で
こわい

同級生よりも、後輩の方が年が近かったりする。

学年は1個下だけど、半分くらいそうかもしれない。
学年1個下の4月生まれが、「半月しか違わないじゃん」とか
3月生まれの俺にフレンドリーでイラつく。
こっちが言うのはまだしも、お前が言うな、後輩なんだから。
沼に行って汚れた靴でお前の車乗ってやろうか。

むげに扱ってしまって反省

一つ後輩を見ながら、あとちょっと後に生まれたら、こいつらと先輩後輩じゃなくて友達関係だったんだよな～と思いを巡らす。

このことを決して後輩には言わないけどね、軽くなめてくる奴いるから。
今の同級生より、一つ後輩の同じ年の方がいい奴多いなとか思っちゃう。

1つ年下だけど キミらと気が合うなー
先輩3月生まれ でしたっけ？
そう、だからもうちょっと 後に生まれてキミらと タメがよかったなー
そう思うのは、僕らがちゃんと先輩を 立ててるからですよー
え〜そうなの〜
もし先輩が僕らと 同じ学年だったら……
フルボッコっすよ
マジで
たとえ、本当にそう思って たとしても
言う？

好きな女の子に「年下はちょっと……」って、フラれる。

3月生まれだから同級生なのに、急に年下にされてフラれる。
今まで年下だと思って接してた？　ね？　ね？　ね？
って心の中で思うだけ。
一縷《いちる》の望みにかけ、勉強や体育は無理だから
掃除の時間に他の男子がさぼる中、まじめさをアピール。
そして、さりげなく好きな子の机を運ぶ。

キャー
ゴキブリ!
キャー
飛んだ
よーし
ここで男らしさを
アピール!
サッ
もう大丈夫だよ
え?
あそこよ!
よく素手でいくね
キャー
こんどこっち!
バタバタ

同じ学年なのに、旦那が3月生まれだから年上女房って言われちゃう花嫁がいる。

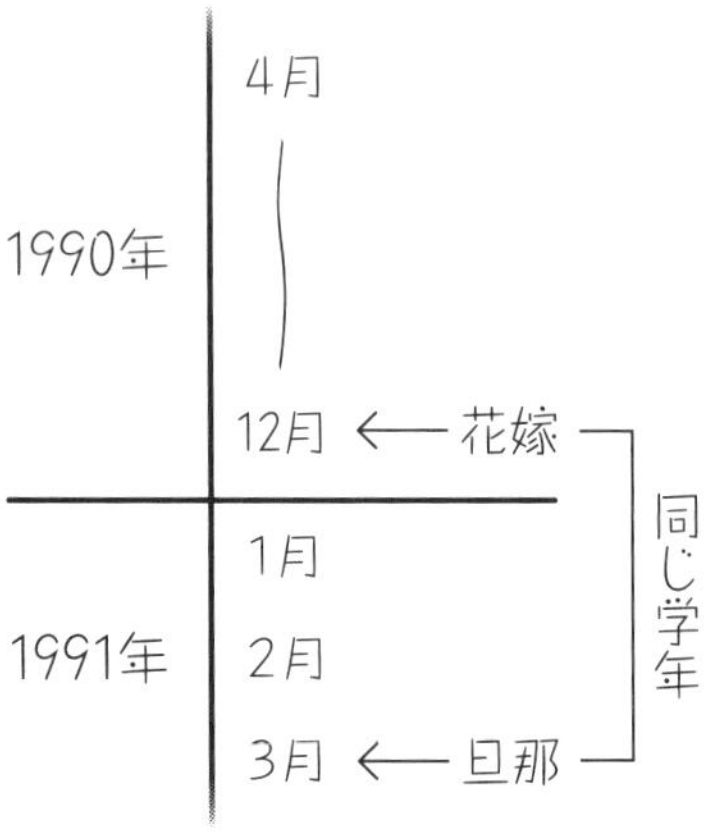

聞いてもないのに、
「年上女房って言うけど、学年は一緒だから」って連呼する花嫁多発。
結婚式とかで司会者が生年月日を読み上げる時、年が違うとね。
女性はそこ敏感。
同じ学年なのに花嫁30歳、花婿29歳にならないように、
30歳になる前に結婚したがる模様。

3月生まれなので学年は1つ上だけど、年は一緒だから松坂世代とか「〜世代」に入ってもいいんですか〜とお伺いを立てる。

（1980年生まれで）2020年に40歳になる人は松坂世代だけど、3月で学年は1つ上になっちゃうんですけどいいですかね？　そっちの方が世渡りしやすいので。

自分がもし4月生まれだったらって想像したことがある。

もちろん勉強と運動は学年トップクラス、
生徒会長で女の子にモテモテ。
一流大学から一流企業というエリート街道をまっしぐらのはずが、
宮崎美子の写真集を万引きして捕まり会社をクビ。
決まっていた縁談もなくなり、
自暴自棄になりクスリに手を出してジ・エンド。
あぶねー3月生まれでよかったー。

部活で同級生が後輩に厳しくしてるのを見て、自分がもうちょっと遅く生まれてたら、こいつらにこんなひどい目にあわされるんだと思い、ゾッとする。

つくづくコイツと同級生でよかった～と感謝する時がある。
先輩が嫌で部活をやめる子多いよね。
3年生が部活を引退した直後のすがすがしさ。
でも、嫌われてる先輩ほど、ちょくちょく顔出すよね。

レギュラーじゃない先輩にかぎって厳しいよね

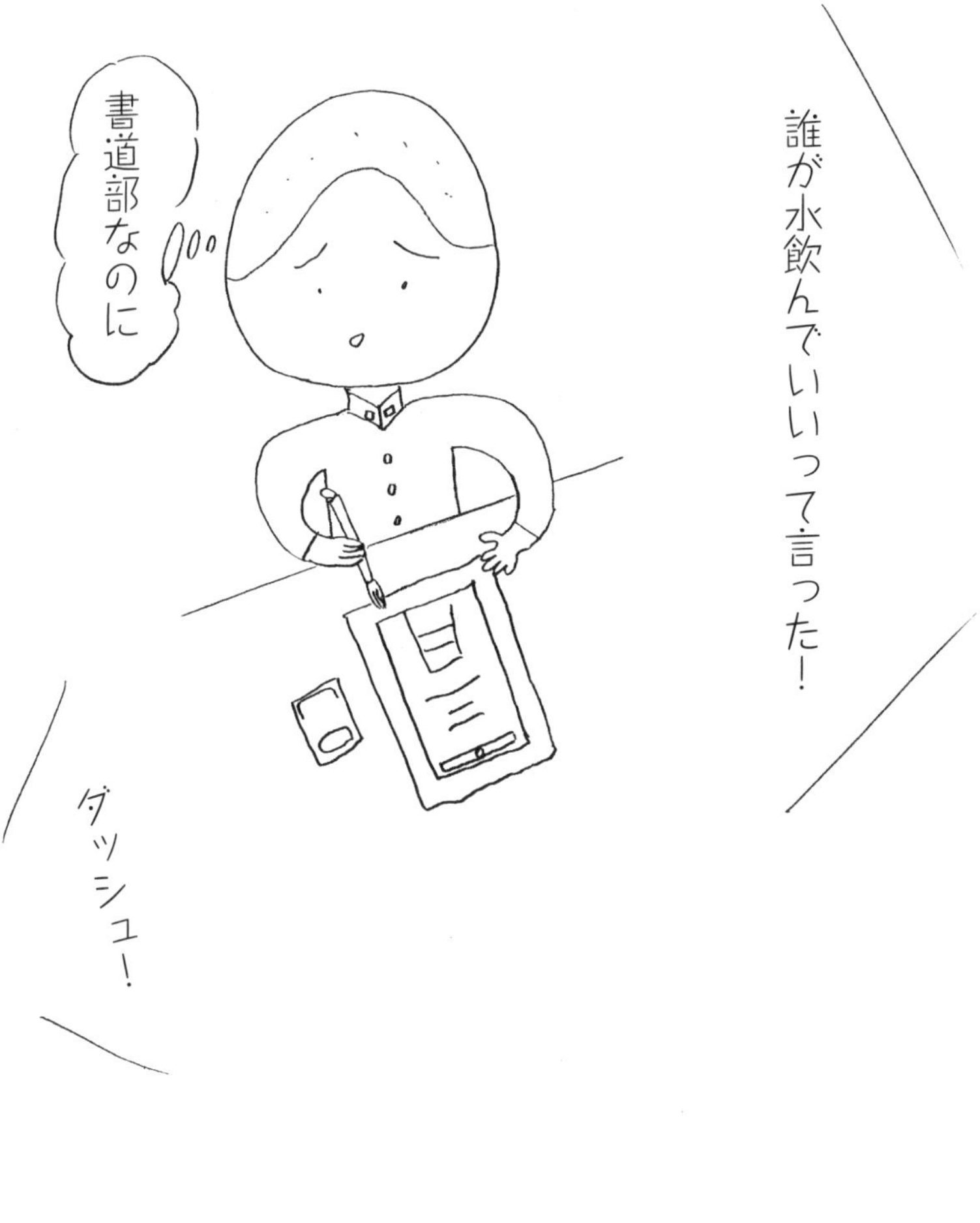
誰が水飲んでいいって言った!
書道部なのに
ダッシュ!

「年と学年の概念を無くしたら楽になるんじゃない」

と言われてハッとする。

人生を変える一言！

目からうろこです。
自分はなんて細かいこと気にしていたんだ。
「学年でいうと〜」を時間に直したら、
一生のうち3日くらい言ってそう。
だからといって、現時点での年齢「29歳です」と言い続けようと努力するも、
30歳の学年という「学年の呪い」から離れられない悲しさ。

もうちょっと遅くて4月に生まれてたら、出会う人間が全然違うからまた違った人生なんだろうなと、あらためて壮大に考えてしまう。

人生やり直したい。
1学年違うと、友達もがらりと変わる。
みんなのリーダー的存在で信頼も厚く、選挙に出馬。みごとトップ当選。
しかし宮崎美子の写真集を万引きして捕まり、
クスリに手を出してジ・エンド。
あぶねー3月生まれでよかった——。

4

あなたの知らない
3月生まれ

3月生まれの受験生は、
「もうちょっと後に生まれれば、
受験は来年だったのに」
と、毎日悔《く》やみながら勉強している。

あと1年あったらすごい勉強して東大行けるかもって妄想をする。
もしそうだとしても自分の頭だと無理なのはうすうす分かっているが、
可能性がないわけじゃないから。
ウソつけって言われるから誰にも言わないけどね。
こんな妄想ばかりして勉強が手に付かない。

ちょっと休憩が2時間。
「ぴたり12時から始めよう」とか、
「半から始めよう」とか言ってるうちに2時間。

参考書に赤ペンで線を引いただけで、すごい勉強した感。

結局、ラジオにハマって勉強しない

勉強も運動もダメで
よくぞ非行に走らなかったと、
自分で自分を褒めてやりたい。

3月生まれは自分に甘い。
すぐ頑張った自分へのご褒美のプレゼントを買う。
ほしいだけでキッカケは何でもいいのだ。

3月3日生まれの女の子は、「女の子だから、ひな祭りでよかったね〜」なんて言われるが、これといって良かった思い出はない。

3月生まれのおてんばな女の子は、
「3月3日のひな祭りに生まれれば、女の子らしくなっただろうに」と
嫌味を言われる。

童謡「うれしいひなまつり」、「たのしいひなまつり」と間違われたりするね。
1番の歌詞が「たのしいひなまつり」だからかな。
「うれしいひなまつり」は最後4番の歌詞で出てくる。
この童謡の2番の冒頭、「お内裏様《だいり》とお雛様　二人ならんですまし顔」という歌詞。
男が「お内裏様」で、女が「お雛様」とされてるが、両方一対で「お内裏様」。
では、「お雛様」はというと、全部のお人形さんが「お雛様」。
つまり、「お内裏様」に関しては、「お雛様」でもあるので重複しています。
2回紹介されています。なのに二人ともすまし顔。
言えばいいのに、「いや、今紹介されたばっかだし」って。
あと3番の歌詞、「あかいお顔の右大臣」って、左大臣です。
あかいお顔の人形は左にあります。
作者が正面から見て右側にあったのでこうなりました。

3月3日生まれの男の子はなんか気恥ずかしい。

男で乙女座的な。
男で短大卒的な。
男でお弁当をフォークで食べる的な。

誕生日ケーキというより、ひなまつりケーキで
人形が2つのっかっている

硬いから食べて歯が欠けるね

3月14日生まれの女の子は、
誕生日と一緒にされて
バレンタインのお返しをもらえない。

誕生日プレゼントとバレンタインのお返しの二毛作希望。

3月14日生まれの男性は、彼女から誕生日プレゼントをもらうが、
バレンタインのお返しを彼女にあげなくてはならないので、
なんかいってこいで損した気分。
ただのプレゼント交換。
チョコに対してのお返しなんだけど、
誕生日プレゼントに対するお返しみたいで、
ちょっと高めの値段設定になってしまう。
みんなホワイトデーのお返しって言ってない？
バレンタインのお返しでしょ？

板チョコをかじっている人を
最近見なくなりましたね

3月9日生まれの人は、
レミオロメンの「3月9日」という
名曲があるので
誕生日をすぐに覚えてもらえる。

3月9日生まれの当の本人はというと、別にと言いながらもドヤ顔。
いい歌だから9日は、3月の中でもランクアップ。
すばらしい卒業ソング。
因みに3月9日は「サンキュー」でありがとうの日。
どっちにしてもいいイメージの日だね。

「卒業ソング」作ったので
聞いてください
穏やかな春風をほほに
うけー
ジャラ〜ン
私は今日卒業しますー
卒業なんて体のいいクビ
ん？
クビを卒業なんて
言わないで
ちょっといい風にしないでー
みんなクビって分かってる
のに
クビにする側の問題なの？
恨まれたくないから？

みんな心の中で笑ってる
私一人だけ卒業ー
WOWOWOー
バーン
ガシャーン
それ、「やんちゃ」の範囲
超えてるでしょ
なんでかわいい感じで
言うの？
どの「卒業ソング」
より泣けるかも
若い頃やんちゃしててー
ポリポリ
確かに「卒業」って便利な
言葉になっちゃったな
警察にお世話に
なったことを「やんちゃ」
で済ませるなよ
ピーポ
ピーポ
ぽりす
「やんちゃ」もそうだよな
「やんちゃ」って言っていいのは
10歳までとします！
正式には10歳の学年

自分と同じ誕生日の有名人を言い合いしている時、
みんなタレントを言うのに、
3月18日生まれの人は、
「フグ田タラオ」と言って場の空気を変える。

まずアニメキャラというので1つひねりを加え、
さらに「サザエさんのタラちゃん」と言わないのがポイント。
フルネームを言うことで聞き手に一瞬「ん？」からの「あ、へ〜」狙い。
これが成功した時、気持ちいい。
因みにタラちゃんのお父さんフグ田マスオさんは、
憎き4月生まれ（4月3日）。
3月12日生まれの人は、
有名人は「くまモン」っていうテッパンがある。

3月21日生まれと言うと、
気付いたお調子者が、
「3、2、1じゃん！ 3、2、1、ダー！」って
猪木のまねをしてくる。

一瞬だまされるが、正解は「1、2、3、ダー」である。
12月3日と1月23日生まれの人だけに許されたギャグ。
「3、2、1」だと「ゼロワーン」か、
安倍晋三前総理もやった「ハッスル、ハッスル」にすればよい。
あと3月21日は、催眠術の日（3、2、1ってかけるから）。

ランドセルの日でもある
（3＋2＋1が6で、小学校6年間ランドセルだから）

じゃんけんで負けたら、次の電信柱まで

3月14日生まれの人は、自分の誕生日を「ホワイトデーで覚えて」って言えばいいのに、たまに「円周率って覚えて」と言う変わり者がいる。

円周率が一時期「3」だった時の世代には、一瞬ポカンとされるリスクを背負ってまでも言う。因みに、本当に円周率にちなんで3月14日は、「数学の日」です。

3月生まれは大器晩成が多いと信じている。

親も周りの人もそのうちできるよって言ってるし、
自分もそのうち、そのうちと思ってる。
何でも遅いから、大成するのも遅いはず。
そんな夢を見ながら全然大成せず、
僕はそのまま死んでいきます。
笑ってやっておくんなまし！
どうぞ、笑ってやっておくんなまし！

同じ3月生まれでも、より遅い誕生日の方が勝った感。

遅いのを自慢げに言う奴がいる。
寝てない自慢的な。
より遅い方がどや顔。

＼つぶやきセレクト／

早生まれのレア感ベスト 10

1位	2月29日
2位	4月1日
3位	1月1日
4位	3月31日
5位	2月14日
6位	1月2日
7位	2月28日
8位	3月3日
9位	1月3日
10位	3月1日
10位	3月9日
10位	3月14日

（人それぞれだけどね）

テレビを見てると
TV
みんなあーはなりたくない
みたいなリアクションをとる
うわっ!
キャー!
かわいそー
やだー!
タレントさんの誕生日で
誕生日おめでとう
ありがとー
わーケーキだ
僕は物を粗末にしたくない
ので絶対にやりません
芸人さんだったりすると
でも心のどこかで
こんな風になっちゃう
のをよく見ます
一生に一度はケーキに顔を
つけてみたいと思いません?
ベークドチーズケーキは痛そう

9月学年始まりを推す風潮が一瞬流行ったが、今さらどうでもいい。

外国の9月始まりみたいにすれば、
8月生まれの人が3月生まれの苦しみを味わうことになる。
どこで区切っても早生まれは出てくる、
誰かが損をしなければならない、自分がやります。
わけのわからない責任感に満ちている。
ゆえに我慢強い。
会いたい時に会えなくても文句を言わない。
ピザを一切れ取ろうとしたら、
前の人に先っちょのおいしい部分をちゃんと切らずに
ごっそりもっていかれたけど、文句を言わない。

子供の頃、何月生まれか聞かれた時、
世界のナベアツのまねして、
「さ~んがつ」ってアホになってた。

急にやるからみんな引いてた。
思っていたより体力使う。
首のすじをやっちゃうから気をつけてね。

さーん
さーん
さーん
もっと顔が斜めかな?
おもしろいなー
さーん
さーん
さーん
もっとアホっぽい声出ないかな
ごはんよー
よーし、これやったら学校でうけるだろうな
さーん
よし、できた
さーん
手、もっとこうかな
ほかにもっとやることがあるだろう

同級生が集まって、
「俺たちネズミ年だもんな～」
「でも俺3月だから丑年《うしどし》」
と言って、空気を止めるのが得意。

言わずにいられない。ちゃんとしたい。
「別にそこは言わなくていいじゃん同級生なんだし」
の視線を受けながらも凛とし、
自分は間違ったことは言ってないと胸を張る姿に、
周りはまた始まったよ感。

クラスでの流行り物を親にねだると、「誕生日まで待ちなさい」って言われて、3月に買ってもらうけど、その頃にはもういらない。

ゲームも買ってもらうのが遅いから友達より乗り遅れる。
「プリキュア」のグッズを誕生日にねだるけど、
3月だからすぐに新しいプリキュアになっちゃう。

3月生まれは「干支《えと》」とかどうでもいい。

「何歳の学年」で慣れているのに、
4月〜12月生まれは「干支」で聞いてくる。

「何歳？」

「今30歳」

「私と同じ！　じゃあ同じネズミ年だ」

「ネズミ年だけど3月生まれだから、学年1つ上」

だから、「同じ年だ」でいい。

そうすれば、「3月生まれだから、学年1つ上」だけで済む。

「同じネズミ年だ」って、干支を出す意味ない。

公共のゴミ箱で、ビンとカンの入れる所違うのに、
中で一緒くらい意味ない。

早生まれの中で3月はトリなので、1月と2月生まれの人とは責任感が違う。

当然同じ早生まれだから、1月と2月生まれにも親近感はある。だけど、本当のつらさは分からないと思っている。

履歴書に3月か03月か迷う。

4月〜9月も一緒だけどね。

この場合「0」を書く派？　書かない派？

春分の日生まれは今年は何日って聞かれる。

秋分の日もね。
「しゅんぶん」と「しゅうぶん」、分かりにくいね。

平成元年3月生まれの同級生は、ほとんど昭和生まれ。

年号が違うとさすがに離れてる気がする。
平成31年3月生まれ、
あと2ヶ月くらい遅ければ令和だったのにとか思うのかな。
令和元年の3月生まれはいない。

「3月って、早生まれじゃなくて遅生まれじゃないの?」

って言ってくる人がいると、

「だから～」ってあきれ顔で説明するが嫌ではない。

それで一人でも早生まれを理解してくれればうれしい。
分かるよ〜同じ学年からしたら遅生まれだもんね。
こっちも実は早生まれと言われることに、いまだに違和感があったりもする。
昔みたいに数え年を使っていた頃は「はやあがり」という言葉だった。
なんなら国が数え年から満年齢にして「早生まれ」という言葉にしたが、
それが余計に分かりにくくさせた模様。
だから、「数え年」って何だよって。
「満年齢」は、生まれて次の誕生日の前日をもって一歳になる。
「数え年」は、生まれた日から1歳。そして正月のたびに1歳ずつ年を取る。
誕生日関係なく、正月にみんな一斉に年を1つ取る。

そしてかがやーく
ウルトラソール
「ル」まで言う人初めて見た！

5

憎き4月生まれ

3月生まれの人が、

「あとちょっと遅く4月生まれならよかった」

とはよく言うけど、
4月生まれの人が、

「あとちょっと早く3月生まれならよかった」

なんて言ってるの聞いたことない。


これが全てです。そういうことです。

小1の時、4月生まれの同級生に勉強も運動もかなわない。

マイナスからのスタートを余儀なくされる。
負け癖がついている。
そんなの子供の頃だけで大人になっちゃえば関係ないじゃんって言うけど、
その頃の成功体験がのちの人生に大きくかかわってくると、
3月生まれは言いたいのである。

4月～12月生まれの人に「遅生まれ」と言うと、なんか嫌な顔される。

露骨に納得いってない顔。
何言ってんの？　そんなの浸透しないよ的に無視される。
正式な言葉なのに全然認めようとしない。
だからこの本でも「遅生まれ」で統一したかったが、
めんどくさいけど、ほとんど「4月～12月生まれ」って書くことにした。
「遅」って漢字が負けてるみたいで嫌なんだろうね。

憎き4月生まれの永久歯が生えそろった頃、3月生まれの乳歯が抜けて歯がない時にかぎって、みんなと集合写真を撮らされる。

うまく笑顔を作れない。口閉じたまま。
それ以来、一切笑わなくなったとさ。

3月生まれは背が低い。

小学校の低学年は特に前の方はほとんど3月生まれ。
背が低いのは3月で早生まれのせいにしてたら、
大人になっても背が低いままだったりする。
前ならえで手が横。
動かなくていいのはラッキー。
学校の朝礼は一番前。
後ろの方で先生に見えないとこでふざけてる子がうらやましい。
ただ姿勢は誰よりもいい。
背の低い男で猫背はいないね。
髪の毛立て気味にするね。
背が低いコンプレックスをマッチョになって見返すパターンの人も多い。
マッチョでカッコつける時、力道山のようなポーズを取るが、
ここで前ならえが役に立つ。

小1では身長が低く一番前だったのに高学年になるにしたがってだんだん同じになり、抜いて行く感じを味わう。

逃げる4月生まれより追う3月生まれ、
実は追う方が楽なのだ。
じわじわと迫る感じがたまらない。
忍び寄る黒い影。
4月生まれは追いつかれる恐怖におののきながら生きていると思われる。
そう思いたい。そう思わせて。

4月～12月生まれの人が率先して、「～歳の学年です」って言える社会を目指している。

生まれ年と学年の違いを気にして、
正確な関係を導き出すのはいつも早生まれの仕事。
それが当たり前だと思っている。
もうそんな時代じゃない。
みんなが学年で言えばいいし、
みんなが便座に座っておしっこすればいい。
啓蒙活動は続く。

「もうすぐ4月だ」は言うけど、「もうすぐ3月だ」とは言わない。

もうすぐ夢と希望に満ちた4月が来るよ、今は地獄の3月だけど、みたいな。3月は4月のフリに使われてる。

スポーツ選手が少ない。

プロ野球選手も3月生まれが一番少ない。
ただ、競馬の騎手は3月生まれがやたら多い。
4月生まれとの体格差から運動能力のコンプレックスをかかえ、
苦手意識から、文芸に才能を発揮しようとする。
芥川賞・直木賞受賞者の生まれ月を調べたところ、
1月~3月の早生まれが約40%で、大半を占めている。

賞をとった作品は必ず読みます
賞をとってない本もたくさん読みます
でも本は買いません
図書館で借ります
〇〇図書館
人気の本は何ヶ月でも待ちます
3ヶ月待ちですね
こんなに本が好きなのに一切お金を払わないなんて
いくらタダだからって
その世界で頑張っている人にぜんぜん還元してません

衰退しちゃうよ
そんなことないだろ
でもタダに甘えて身銭を切りません
もったいない
無くなると困るくせに
やっぱりそれじゃいけない
一念発起し
よし!
無料エロ動画は見ず
スマホポイ!
DVDを買うことにしました
DVD屋
そういうことでしょ
少しでも女優さんに還元できれば

3月以外の月生まれあるある

1月	誕生日プレゼント？ お年玉あげたばっかなのに？ って顔される。
2月	誕生日だって言ってんのにチョコをもらったりする。
4月	みんなバタバタしてて誕生日を祝ってもらえない。 ほぼ21歳になって成人式やる感じ。
5月	誕生日がゴールデンウィークだと、家族旅行が誕生日プレゼントみたいになる。
6月	「じゃあ雨男だ」とか根拠のないことを言われる。

7月	誕生日にもらう服がTシャツとか生地が薄くて安い。冬生まれはアウターで高いのをもらえてずるいと思っている。
8月	誕生日がお盆だと、何か複雑。
9月	いちごが高い時期だから誕生日ケーキはモンブラン。
10月	10月10日生まれの子はなんか恥ずかしい。何故かは察してください。
11月	プレゼントが手袋でかぶる。家は使っていない手袋だらけ。
12月	誕生日は、宝くじ10枚渡して「3億円プレゼント」ってギャグをやられる。

3月生まれは、4月生まれに比べて、平均年収がちょっと低いらしい。

悲しい現実。
「お金じゃないから」って泣きながら言う。

給料明細を見て、黙って目を閉じます

いくら小さい頃、
4月生まれと如実《にょじつ》に差があったとしても、
自分が3月生まれということに対して、
何も思ってなかったあの頃に戻りたい。

劣等感も何もないあの頃へ。

バブー
ママ
ブーブ
バーブー
アンマ、アンマ
オギャー
ガク・ネン？

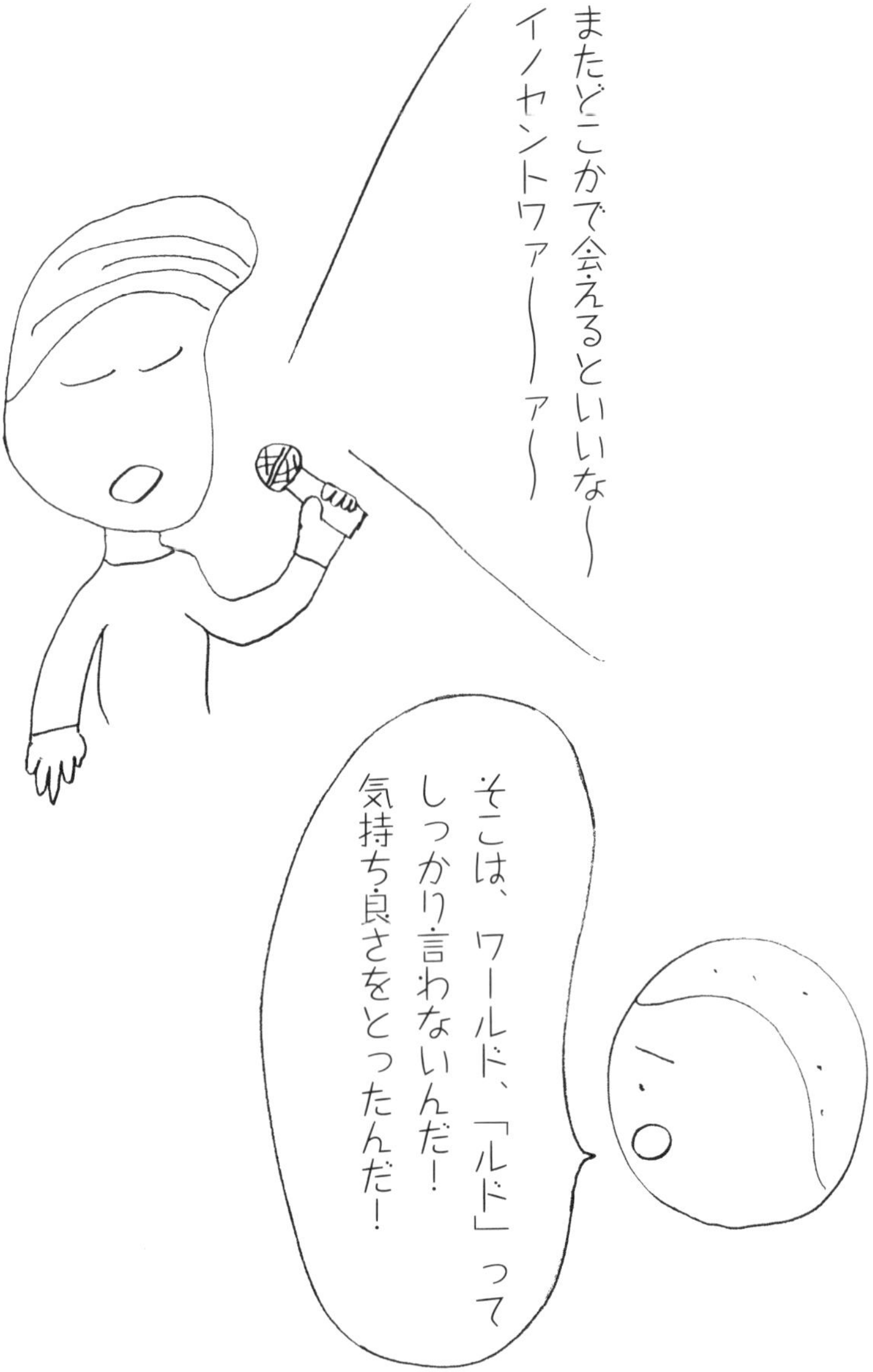
またどこかで会えるといいな〜
イノヤントワァ〜〜ァ〜
そこは、ワールド、「ルド」って
しっかり言わないんだ!
気持ち良さをとったんだ!

6

4月1日生まれ

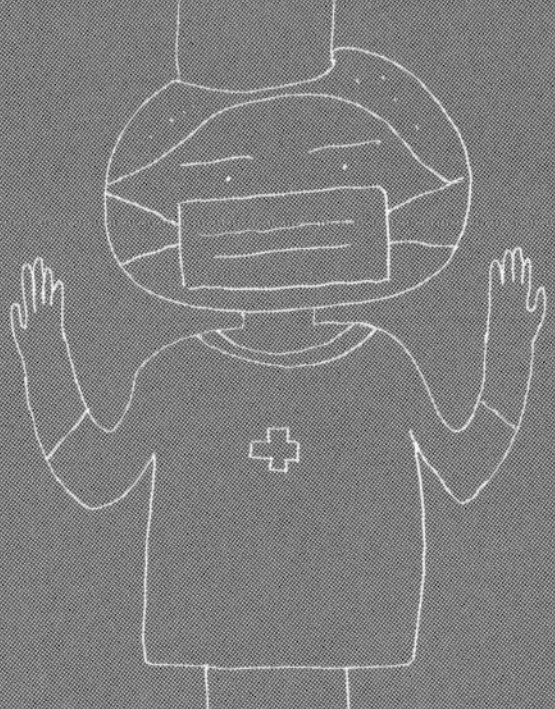

3月生まれがどんだけあがこうが、
4月1日生まれがラスボス感を出してくる。

かなわない。ゲーム終了。
逆に4月1日生まれに対して、可哀想って上から行く傾向もある。
3月30日で満6歳が小学校入学ってすれば、
3月31日生まれの子までピッタリなのに、
3月31日までで満6歳にするから、
4月1日生まれの子までになって、ややこしくなるんだよと真剣に考えた。
エイプリルフールも相まってややこしい。
だから4月1日生まれだと言ってもウソだと思われちゃうっていう、
「4月1日生まれあるある」があると予想される。

「4月1日まで早生まれ」が有名なのは
元巨人の桑田さんの功績がでかいと思う。

桑田真澄さんは高校1年生で史上最年少甲子園優勝投手になった。
準決勝で池田高校3年生の金山光男さんと対戦しているが、
この金山さんの誕生日が4月2日。
つまり、桑田さんと金山さんは1年生と3年生で学年は2個違いだが、
年齢はほぼ3歳違う。
桑田さんが15歳になった次の日に金山さんは18歳になっている。
もっと言うと、金山さんが1日早く生まれて上の学年に行き、
桑田さんが1日遅く4月2日に生まれて1個下の学年だったら、
甲子園で出会っていない。
お互い1日ずれてたら、ほぼ3歳違うのは変わりないが、
学年は2個だったのが4個違うことになり、高校でかぶらない。
ほぼ大学1年生と中学3年生の対決を見ていたのだ。
因みに投ゴロ、投ゴロ、中安、右飛の4打数1安打で桑田さんが抑えた形になる。
息子のマット君は7月18日生まれで全然関係ない。

4月2日生まれの人に対して、本当は4月1日に生まれたのに、親がわざと1日ずらしたに違いないと疑っている。

いいな、ずらせて。
3月生まれは下の学年にずらせないけど、
4月1日生まれなら1日だし、
別にいいよという広い気持ちも持ち合わせている。
ある統計では日本で最も多い誕生日は4月2日だそうです。
そう聞くとね。

田中君の誕生日っていつ？
2月28日
ねえ、武田君聞いて田中君2月28日生まれなんだよ
え、28日、すごいね あと1日遅かったらね！
へ〜〜まさか親が一日ずらしたりして〜
あるかも〜4月1日的な？
ねえ、木村君聞いて田中君2月28日生まれだって？
そんなことしてないよ
わかんないしょ親がまだ言ってないだけで
へ〜あと1日遅かったら4年に1回しか誕生日こなかったじゃん
その年うるう年じゃねーし！

4月1日23時59分59秒に双子の兄が生まれ、
4月2日になってから双子の弟が生まれた場合、
双子でも学年が違うのか？
そもそもそういう双子が存在するのか、
関係ないのに心配したことがある。

もし存在したら、テレビで見たことあるだろうね。
今まで1回もないってことは、いないのかもしれない。
このシチュエーションが本当にあったとしたら、
まー夜中の分娩だし、
双子なんだから一緒に4月2日でいいでしょう、ってなったんだろうね。
それでいいと思う。

男子は、みんな一度は産婦人科医を目指すよね

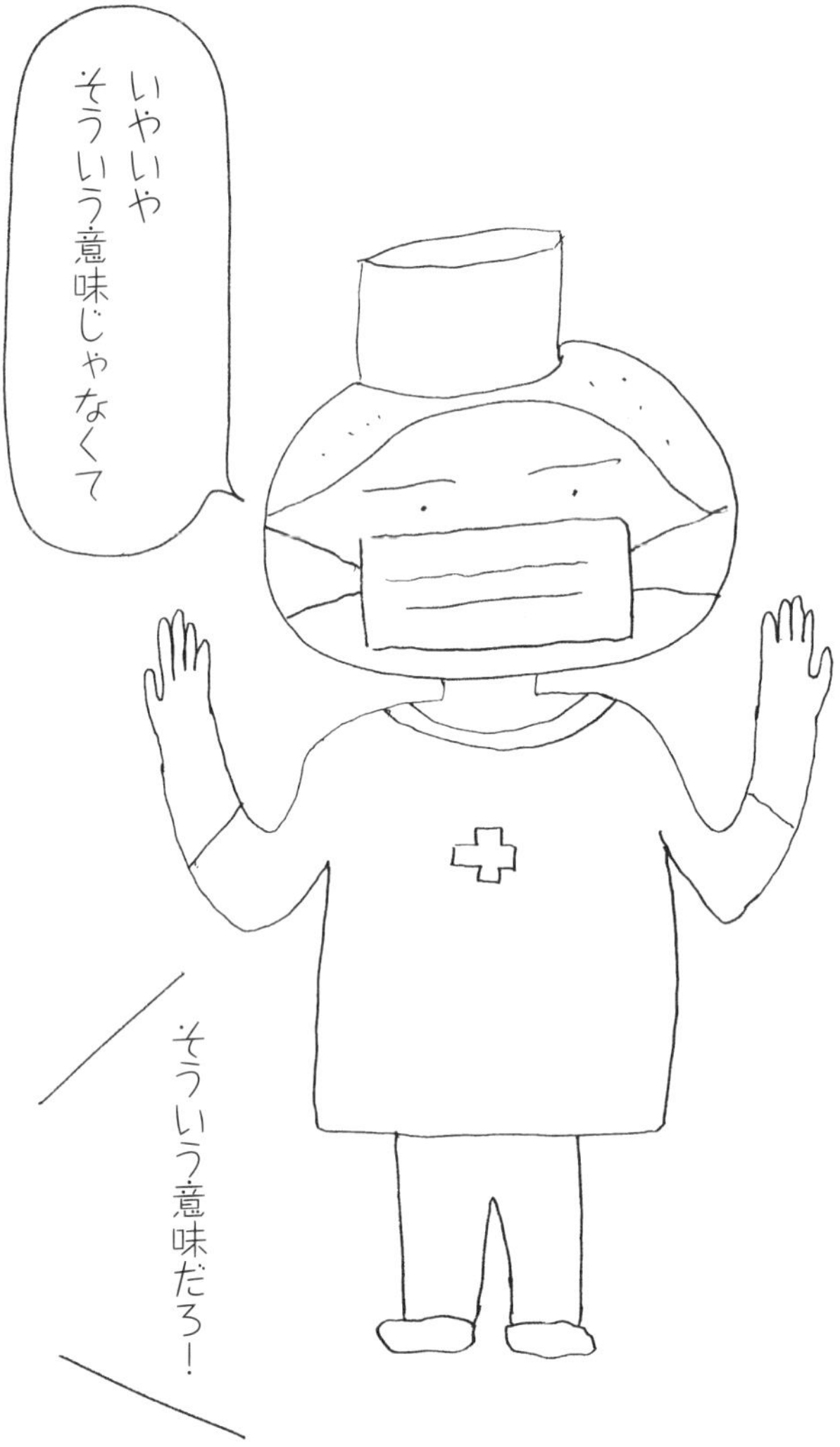
いやいや
そういう意味じゃなくて
そういう意味だろ！

学年でいうと、4月1日生まれまで3月扱い。
2月29日生まれもうるう年だから、
3月1日扱いにしたとする、したとするとよ、
3月が33日ある感覚に陥るよね、したとすると。

無理やりだけどね。誰も思わないけどね。
だから何だって話だよね。

ほとんどの先進国では、幼稚園や小学校の入学時期を1年遅らせるという選択が可能な制度があると言っても、「へ～」で終わる。

話が終わる。お互い目の前のお茶を飲む。
3月生まれの人も知らない人多いから、「へ～」ってなる。
ひけらかした甲斐がない。思ってたより反応が薄い。
海外の例を出して、マウント取った気になっている人あつかい。

お茶熱くて、こう持つけど

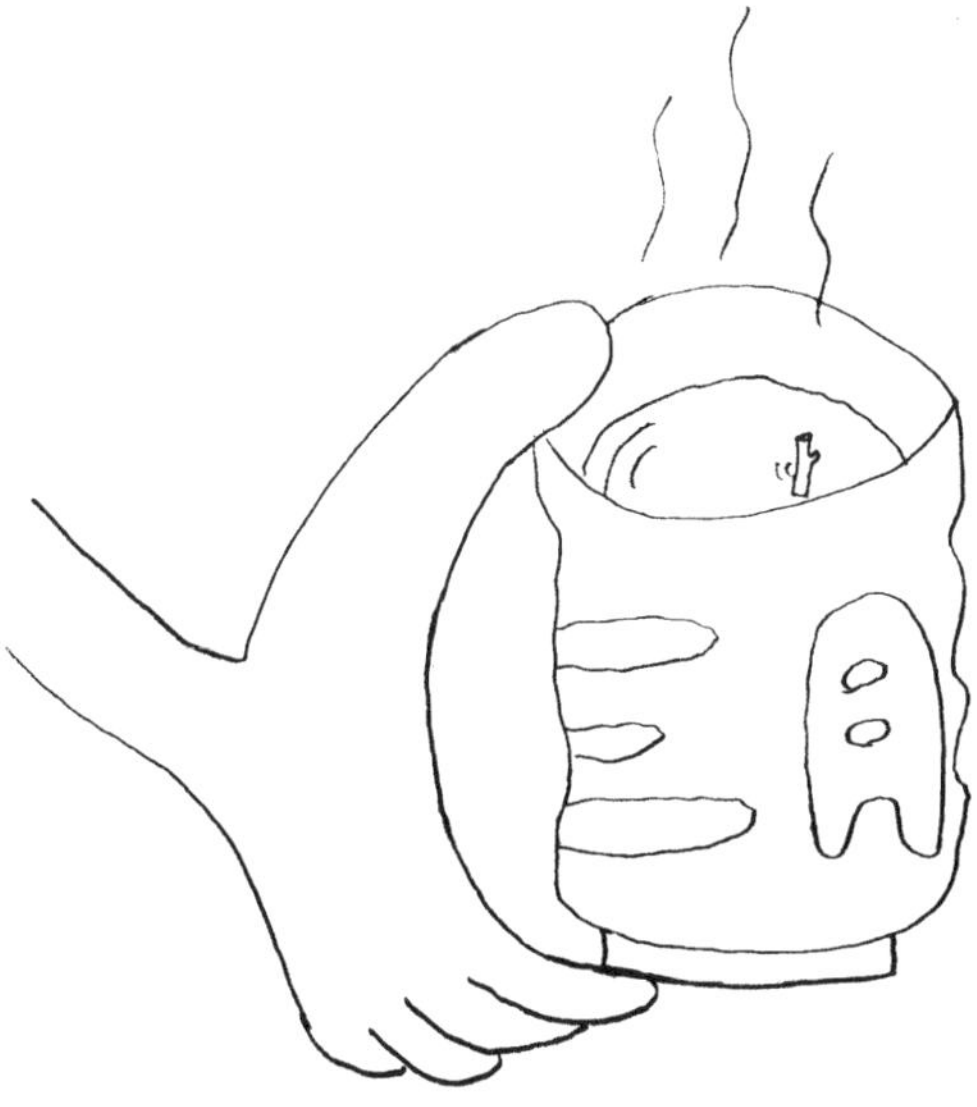

置く時、厄介

同じ学年が、なんで4月1日までなのか、4月から12月生まれの人は知らないし興味もない。生きてきてどこかで聞いたけど全部忘れちゃう。

法律上、4月1日生まれの人は、
3月31日の24時に年を一つ取る。満6歳になる。
それって4月1日でもあるじゃんって、わかるよ、
わかるけどしょうがないじゃん。
昔誰かが決めて、誰も今変えようって言わないんだもん。
これ覚えておいたほうがいい。誰もが誕生日の前日に年を取るの。
だから4月1日生まれの人は、前年度の学年に入れられちゃう。
もう忘れないでね。

あとがき

～３月生まれあるある～

「3月生まれあるある」って、
なんかずっと同じようなこと言ってるね。

もし間に合わなかったら、
1年後、来年の3月発売になっちゃいますから、
って言われて、あせって書いちゃうよね。

結局、4月～12月生まれの人には
理解してもらえない。

たまに同じ3月生まれなのに、
これらの苦労にピンとこない人がいると腹立つ。
鈍感すぎて逆にうらやましい。

こんだけ言ってきてなんだけど、
「学年」とか90歳になったらどうでもいいと思う。

友達いないとダメな人間って誰が決めたの？

著者略歴

1971年3月10日生まれ。栃木県出身。愛知学院大学心理学科卒業。
著書には、小説『私はいったい、何と闘っているのか』（小学館）、小説『イカと醤油』（宝島社）、『つぶやき隊』『みんなのつぶやき隊』『新しいつぶやき隊』（いずれもTOブックス）などがある。

3月《がつ》生《う》まれあるある

二〇二一年二月一一日　第一刷発行
二〇二一年二月二三日　第二刷発行

著者　つぶやきシロー
発行者　古屋信吾
発行所　株式会社さくら舎　http://www.sakurasha.com
東京都千代田区富士見一-二-一一　〒一〇二-〇〇七一
電話　営業　〇三-五二一一-六五三三　FAX　〇三-五二一一-六四八一
編集　〇三-五二一一-六四八〇
振替　〇〇一九〇-八-四〇二〇六〇

カバーイラスト　株式会社ウエイド（森崎達也）
本文DTP　株式会社ウエイド（土屋裕子）
装丁　アルビレオ
印刷・製本　中央精版印刷株式会社

ISBN978-4-86581-281-7